Impressum
Verlag: BABADADA GmbH, Nedderfeld 112 , 22529 Hamburg
Geschäftsführer / Verlagsleitung: Harald Hof
Druck: Books on Demand GmbH, In de Tarpen 42, 22848 Norderstedt

Imprint
Publisher: BABADADA GmbH, Nedderfeld 112 , 22529 Hamburg, Germany
Managing Director / Publishing direction: Harald Hof
Print: Books on Demand GmbH, In de Tarpen 42, 22848 Norderstedt, Germany

1

escuela
Šola

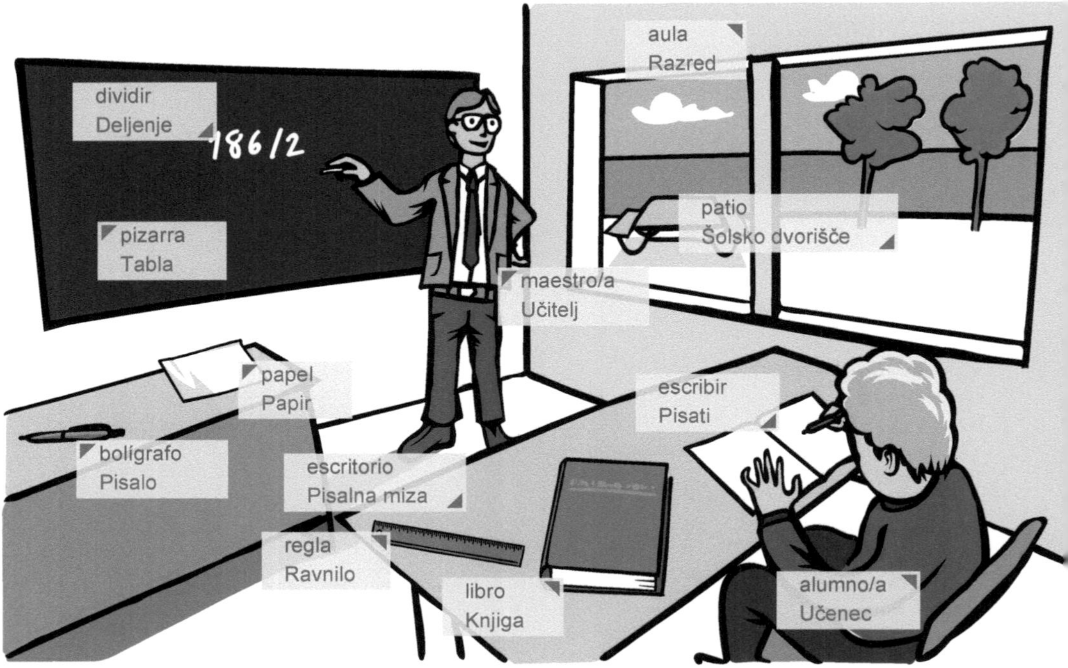
aula
Razred
dividir
Deljenje
186/2
pizarra
Tabla
patio
Šolsko dvorišče
maestro/a
Učitelj
papel
Papir
escribir
Pisati
bolígrafo
Pisalo
escritorio
Pisalna miza
regla
Ravnilo
libro
Knjiga
alumno/a
Učenec

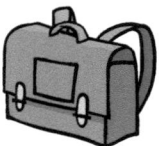

cartera
Šolska torba

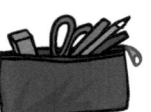

caja de lápices
Peresnica

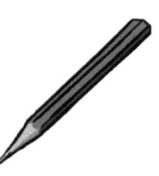

lápiz
Svinčnik

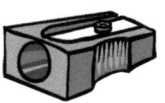

sacapuntas
Šilček

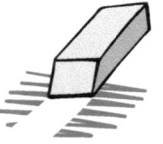

goma de borrar
Radirka

cuaderno de dibujo
Risalni blok

dibujo
Risba

pincel
Čopič

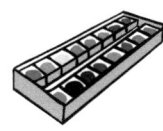

caja de pinturas
Vodene barvice

tijeras
Škarje

pegamento
Lepilo

cuaderno de ejercicios
Zvezek

deberes
Domača naloga

número
Število

sumar
Seštevanje

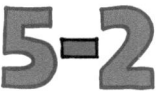

restar
Odštevanje

multiplicar
Množenje

calcular
Računanje

letra
Črka

alfabeto
Abeceda

palabra
Beseda

texto

Besedilo

leer

Brati

tiza

Kreda

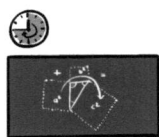

lección

Učna ura

cuaderno de notas

Redovalnica

examen

Preizkus znanja

certificado

Spričevalo

uniforme escolar

Šolska uniforma

educación

Izobrazba

enciclopedia

Enciklopedija

universidad

Univerza

microscopio

Mikroskop

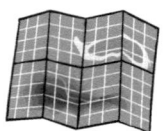

mapa

Zemljevid

papelera

Koš za smeti

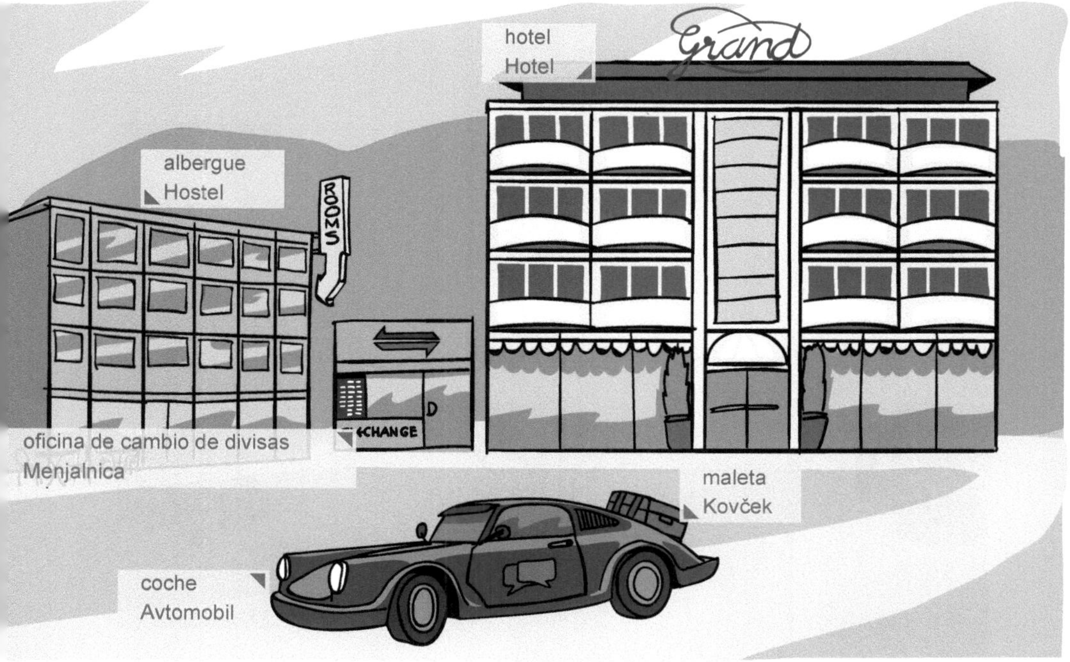

hotel
Hotel
Grand
albergue
Hostel
ROOMS
oficina de cambio de divisas
Menjalnica
maleta
Kovček
coche
Avtomobil

idioma
Jezik

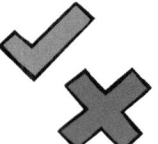

sí / no
da / ne

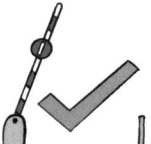

Vale
Prav

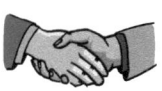

hola
Pozdravljeni

traductor
Prevajalec

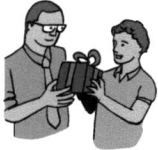

Gracias
Hvala

¿cuánto es…?

Koliko stane…?

No entiendo

Ne razumem

problema

Težava

¡Buenas tardes!

Dober večer!

¡Buenos días!

Dobro jutro!

¡Buenas noches!

Lahko noč!

adiós

Nasvidenje

dirección

Smer

equipaje

Prtljaga

bolsa

Torba

mochila

Nahrbtnik

invitado

Gost

habitación

Soba

saco de dormir

Spalna vreča

tienda de campaña

Šotor

información turística

Turistične informacije

playa

Plaža

tarjeta de crédito

Kreditna kartica

desayuno

Zajtrk

almuerzo

Kosilo

cena

Večerja

billete

Vozovnica

ascensor

Dvigalo

sello

Znamka

frontera

Meja

aduana

Carina

embajada

Veleposlaništvo

visa

Vizum

pasaporte

Potni list

transporte

Prevoz

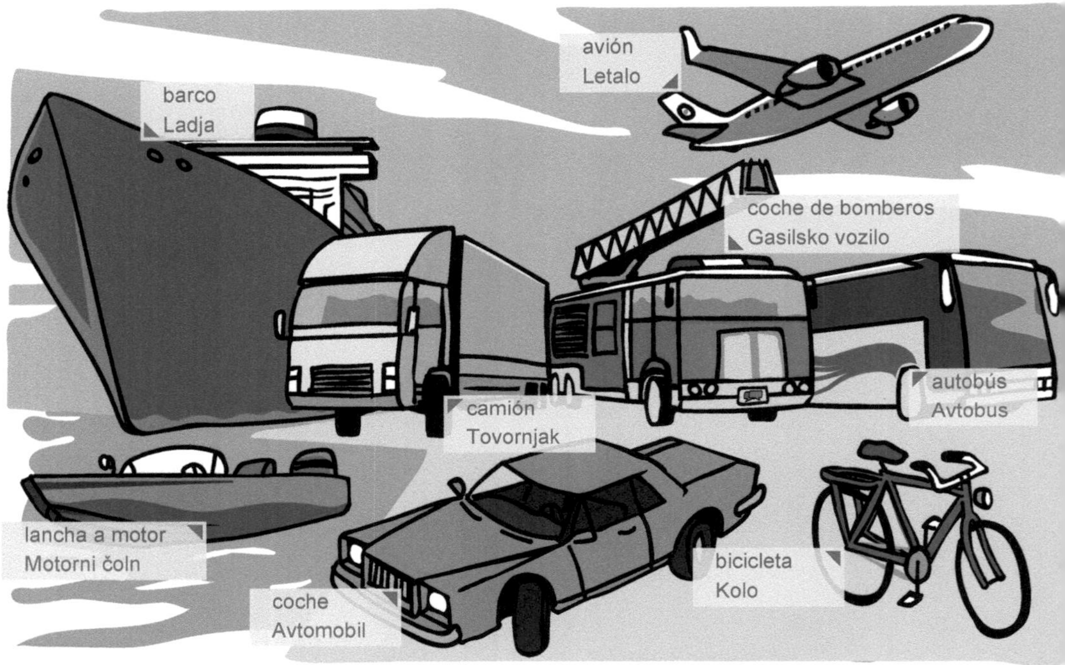

avión
Letalo
barco
Ladja
coche de bomberos
Gasilsko vozilo
autobús
Avtobus
camión
Tovornjak
lancha a motor
Motorni čoln
bicicleta
Kolo
coche
Avtomobil

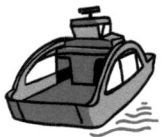

transbordador

Trajekt

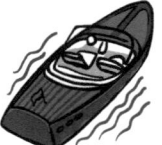

barca

Čoln

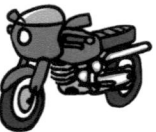

moto

Motorno kolo

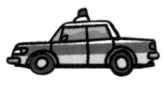

coche de policía

Policijski avto

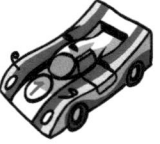

coche de carreras

Dirkalni avto

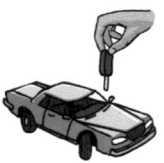

coche de alquiler

Najeto vozilo

préstamo de vehículos

Souporaba avtomobila

grúa

Avtovleka

camión de la basura

Smetarsko vozilo

motor

Motor

gasolina

Gorivo

gasolinera

Bencinska postaja

señal de tráfico

Prometni znak

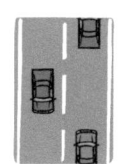

tráfico

Promet

atasco

Zastoj

aparcamiento

Parkirišče

estación de tren

Železniška postaja

vías

Tirnice

tren

Vlak

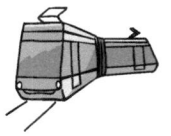

tranvía

Tramvaj

vagón

Vagon

helicóptero

Helikopter

aeropuerto

Letališče

torre

Stolp

pasajero

Potnik

contenedor

Kontejner

caja de cartón

Karton

carretilla

Voziček

cesta

Košara

despegar / aterrizar

vzleteti / pristati

ciudad

Mesto

pueblo

Vas

centro de ciudad

Mestno jedro

casa

Hiša

cine
Kino

anuncio
Reklama

farola
Ulična svetilka

calle
Ulica

taxi
Taksi

quiosco
Kiosk

CINEMA

peatón
Pešec

acera
Pločnik

cruce
Križišče

paso de cebra
Prehod za pešce

contenedor de basura
Smetnjak

semáforo
Semafor

cabaña
....
Koča

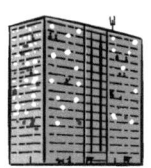

apartamento
....
Stanovanje

estación de tren
....
Železniška postaja

ayuntamiento
....
Mestna hiša

museo
....
Muzej

escuela
....
Šola

universidad

Univerza

banco

Banka

hospital

Bolnišnica

hotel

Hotel

farmacia

Lekarna

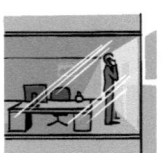

oficina

Pisarna

librería

Knjigarna

tienda

Trgovina

floristería

Cvetličarna

supermercado

Supermarket

mercado

Tržnica

grandes almacenes

Veleblagovnica

pescadería

Ribarnica

centro comercial

Nakupovalno središče

puerto

Pristanišče

parque

Park

banco

Klop

puente

Most

escaleras

Stopnice

metro

Podzemna železnica

túnel

Predor

parada de autobús

Avtobusno postajališče

bar

Bar

restaurante

Restavracija

buzón

Poštni nabiralnik

poste indicador

Ulična tabla

parquímetro

Parkirna ura

zoo

Živalski vrt

piscina

Kopališče

mezquita

Mošeja

granja

Kmetija

contaminación

Onesnaževanje

cementerio

Pokopališče

iglesia

Cerkev

patio de juego

Otroško igrišče

templo

Tempelj

paisaje
Pokrajina

hoja
List

señal
Kažipot

camino
Pot

prado
Travnik

piedra
Kamen

árbol
Drevo

excursionista
Pohodnik

río
Reka

hierba
Trava

flor
Cvetlica

valle
Dolina

colina
Hrib

lago
Jezero

bosque
Gozd

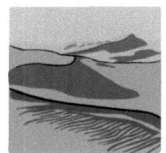

desierto
Puščava

volcán
Vulkan

castillo
Grad

arcoíris
Mavrica

champiñón
Goba

palmera
Palma

mosquito
Komar

mosca
Muha

hormiga
Mravlja

abeja
Čebela

araña
Pajek

escarabajo

Hrošč

rana

Žaba

ardilla

Veverica

erizo

Jež

liebre

Zajec

lechuza

Sova

pájaro

Ptič

cisne

Labod

jabalí

Divji prašič

ciervo

Jelen

alce

Los

presa

Jez

turbina eólica

Vetrnica

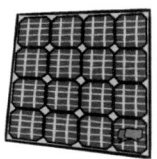

panel solar

Solarna plošča

clima

Podnebje

restaurante
Restavracija

camarero
Natakar
menú
Jedilnik
silla
Stol
sopa
Juha
pizza
Pica
cubertería
Pribor
mantel
Prt

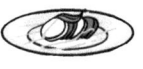

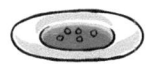

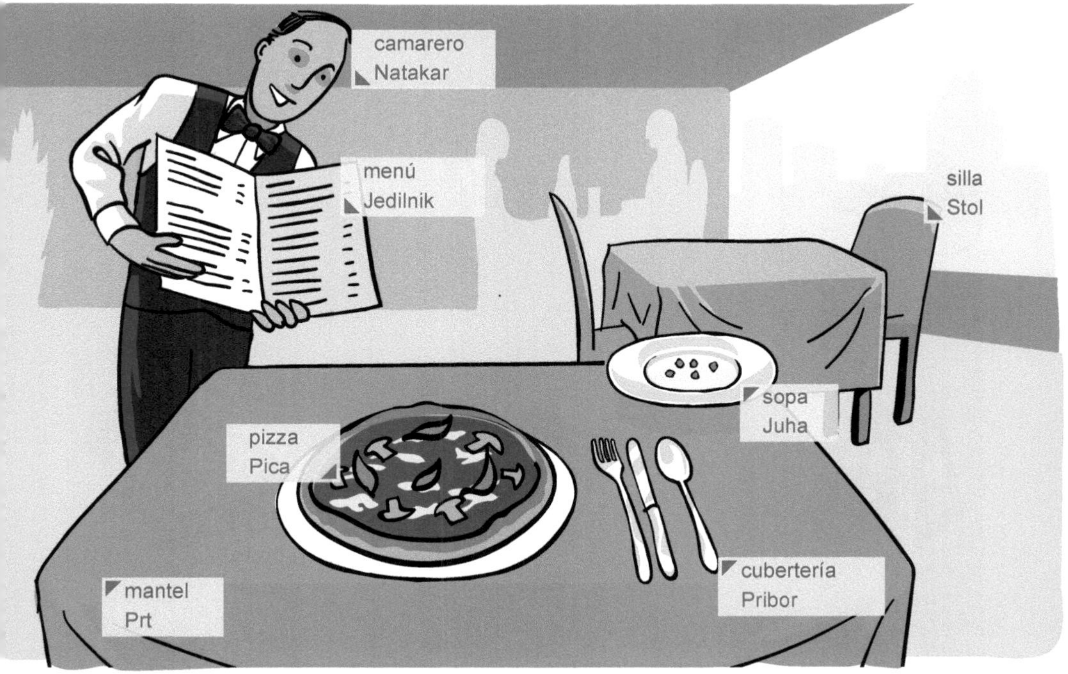

primer plato
Predjed

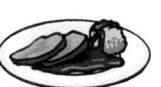

plato principal
Glavna jed

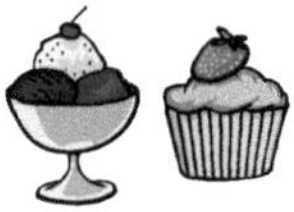

postre
Sladica

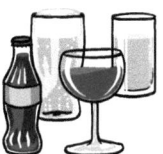

bebidas
Pijače

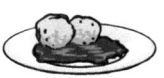

comida
Hrana

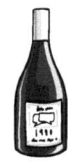

botella
Steklenica

comida rápida

Hitra hrana

comida callejera

Ulična hrana

tetera

Čajnik

azucarero

Sladkornica

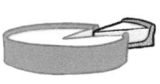

porción

Porcija

cafetera expreso

Aparat za espresso

trona

Stolček za hranjenje

cuenta

Račun

bandeja

Pladenj

cuchillo

Nož

tenedor

Vilica

cuchara

Žlica

cucharilla

Čajna žlička

servilleta

Servieta

vaso

Kozarec

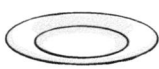

plato

Krožnik

plato hondo

Globoki krožnik

platillo

Krožniček

salsa

Omaka

salero

Solnica

molinillo de pimienta

Mlinček za poper

vinagre

Kis

aceite

Olje

especias

Začimbe

ketchup

Kečap

mostaza

Gorčica

mayonesa

Majoneza

supermercado
Supermarket

oferta especial
Posebna ponudba
FOR
cliente
Stranka
lácteos
Mlečni izdelki
fruta
Sadje
carro de la compra
Nakupovalni voziček

BUTCHERS

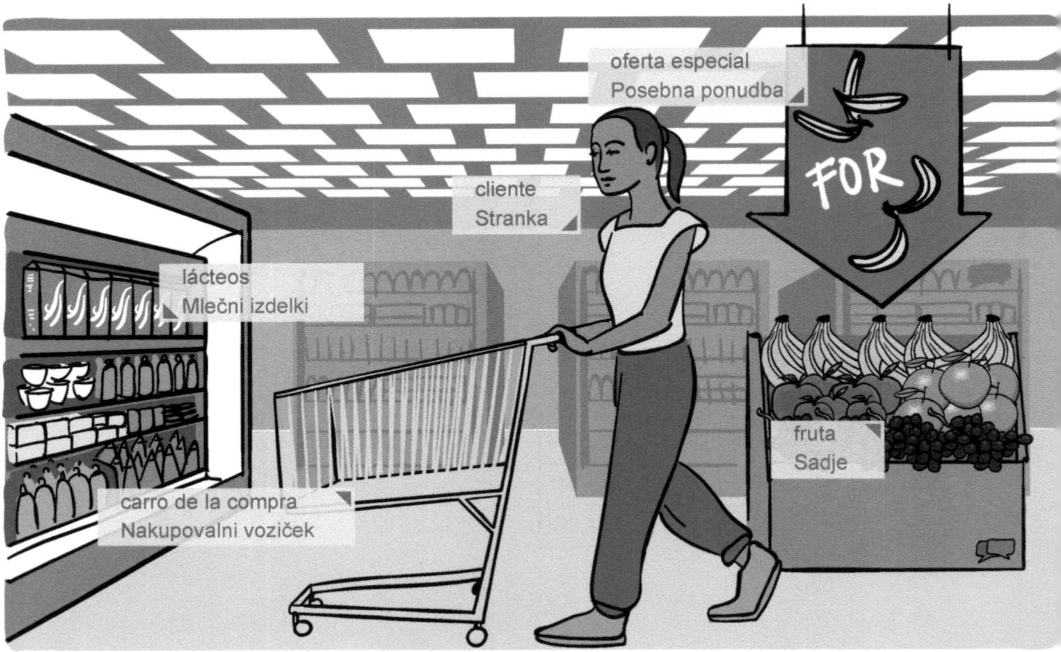

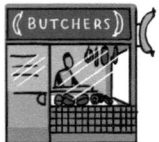

carnicería

Mesnica

BAKERY

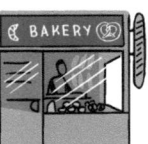

panadería

Pekarna

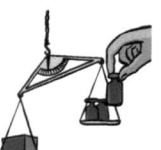

pesar

Tehtati

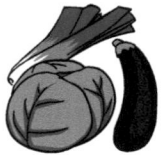

verduras

Zelenjava

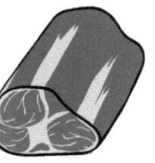

carne

Meso

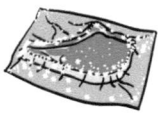

alimentos congelados

Zamrznjena hrana

fiambres

Hladne mesnine

conservas

Konzerve

detergente en polvo

Pralni prašek

dulces

Sladkarije

productos de uso doméstico

Gospodinjski izdelki

productos de limpieza

Čistilno sredstvo

vendedora

Prodajalka

caja

Blagajna

cajero

Blagajnik

lista de la compra

Nakupovalni seznam

horario de atención al público

Delovni čas

cartera

Denarnica

tarjeta de crédito

Kreditna kartica

bolsa

Torba

bolsa de plástico

Plastična vrečka

agua
Voda

zumo
Sok

leche
Mleko

cola
Kola

vino
Vino

cerveza
Pivo

alcohol
Alkohol

cacao
Kakav

té
Čaj

café
Kava

expreso
Espresso

capuchino
Kapučino

plátano

Banana

manzana

Jabolko

naranja

Pomaranča

melón

Lubenica

limón

Limona

zanahoria

Korenje

ajo

Česen

bambú

Bambus

cebolla

Čebula

champiñón

Goba

avellanas

Oreščki

fideos

Rezanci

espagueti

Špageti

arroz

Riž

ensalada

Solata

patatas fritas

Ocvrt krompirček

patatas fritas

Pečen krompir

pizza

Pica

hamburguesa

Hamburger

sándwich

Sendvič

filete

Zrezek

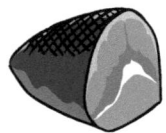

jamón

Šunka

salami

Salama

salchicha

Klobasa

pollo

Piščanec

asado

Pečenka

pescado

Riba

copos de avena

Ovseni kosmiči

muesli

Musli

copos de maíz

Koruzni kosmiči

harina

Moka

cruasán

Rogljiček

panecillo

Žemlja

pan

Kruh

tostada

Prepečenec

galletas

Piškoti

mantequilla

Maslo

cuajada

Skuta

pastel

Torta

huevo

Jajce

huevo frito

Pečeno jajce na oko

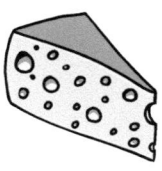

queso

Sir

helado

Sladoled

azúcar

Sladkor

miel

Med

mermelada

Marmelada

crema de turrón

Čokoladni namaz

curry

Kari

granja
Kmetija

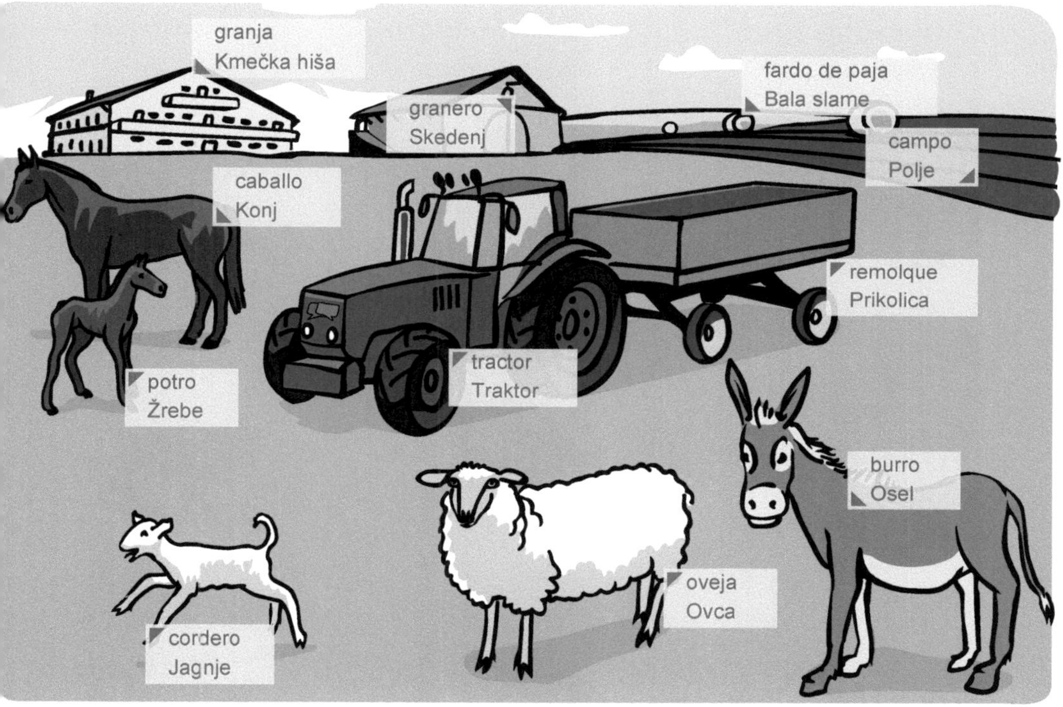
granja
Kmečka hiša
granero
Skedenj
fardo de paja
Bala slame
campo
Polje
caballo
Konj
remolque
Prikolica
tractor
Traktor
potro
Žrebe
burro
Osel
oveja
Ovca
cordero
Jagnje

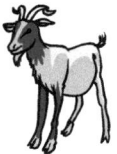

cabra

Koza

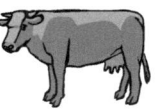

vaca

Krava

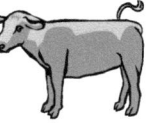

ternero

Tele

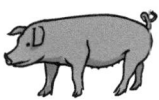

cerdo

Prašič

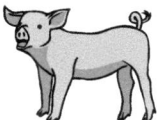

cerdito

Pujsek

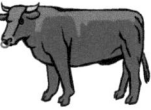

toro

Bik

ganso

Gos

pato

Raca

pollo

Piščanec

gallina

Kokoš

gallo

Petelin

rata

Podgana

gato

Mačka

ratón

Miš

buey

Vol

perro

Pes

perrera

Pasja uta

manguera

Cev za zalivanje

regadera

Kangla za zalivanje

guadaña

Kosa

arado

Plug

hoz

Srp

azada

Motika

horca

Vile

hacha

Sekira

carretilla

Samokolnica

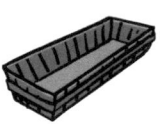

abrevadero

Korito

lechera

Kangla za mleko

saco

Vreča

valla

Ograja

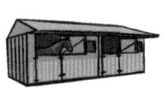

establo

Hlev

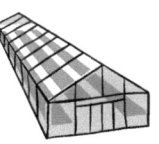

invernadero

Rastlinjak

suelo

Prst

semilla

Seme

fertilizador

Gnojilo

cosechadora

Kombajn

cosechar

Žeti

cosecha

Žetev

ñame

Jam

trigo

Pšenica

soja

Soja

patata

Krompir

maíz

Koruza

semilla de colza

Oljna ogrščica

árbol frutal

Sadno drevo

mandioca

Maniok

cereales

Žito

granja - Kmetija

casa
Hiša

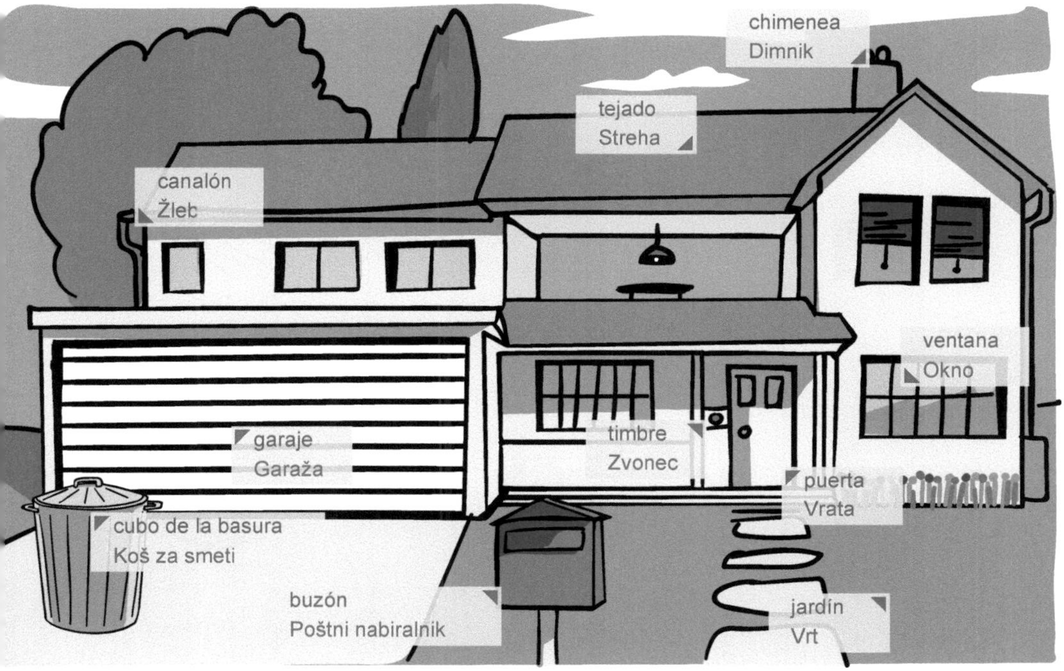

chimenea
Dimnik
tejado
Streha
canalón
Žleb
ventana
Okno
garaje
Garaža
timbre
Zvonec
puerta
Vrata
cubo de la basura
Koš za smeti
buzón
Poštni nabiralnik
jardín
Vrt

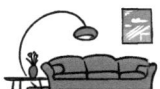

sala
Dnevna soba

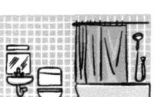

cuarto de baño
Kopalnica

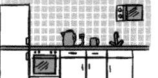

cocina
Kuhinja

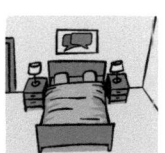

dormitorio
Spalnica

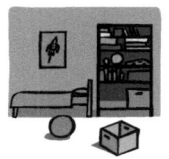

habitación de los niños
Otroška soba

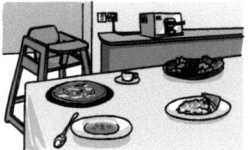

comedor
Jedilnica

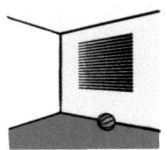

suelo
....
Tla

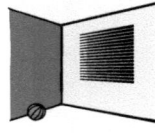

pared
....
Stena

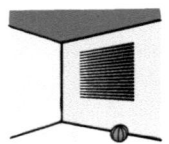

techo
....
Strop

sótano
....
Klet

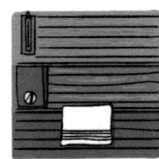

sauna
....
Savna

balcón
....
Balkon

terraza
....
Terasa

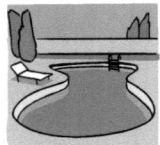

piscina
....
Bazen

cortacésped
....
Kosilnica

sábana
....
Rjuha

colcha
....
Posteljno pregrinjalo

cama
....
Postelja

escoba
....
Metla

balde
....
Vedro

interruptor
....
Stikalo

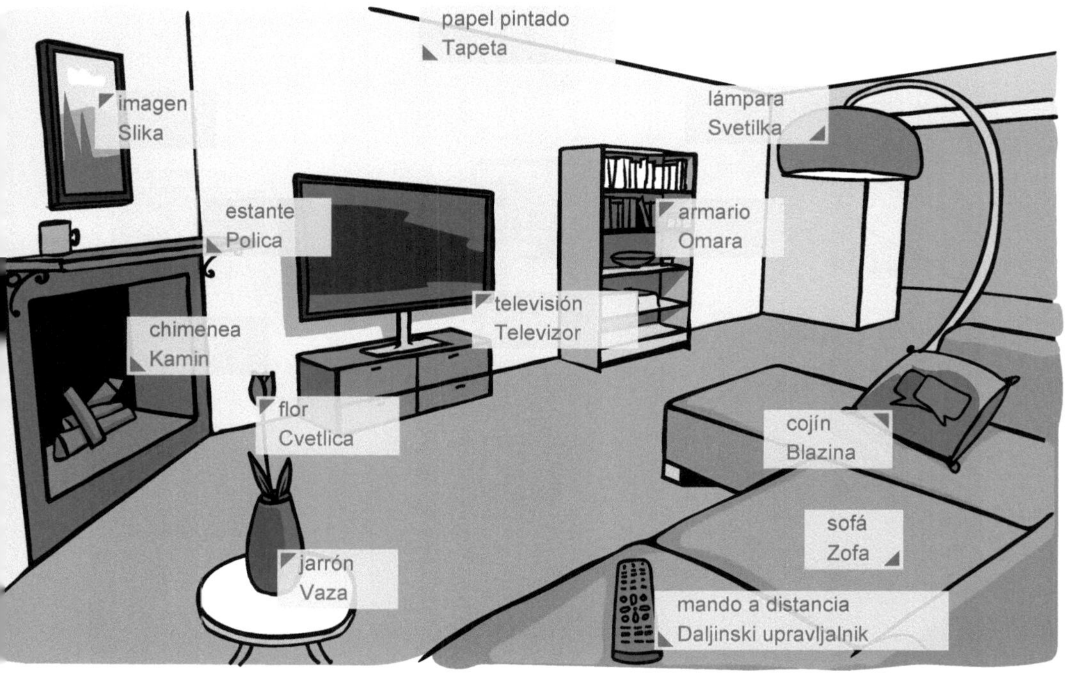

papel pintado
Tapeta

imagen
Slika

lámpara
Svetilka

estante
Polica

armario
Omara

chimenea
Kamin

televisión
Televizor

flor
Cvetlica

cojín
Blazina

sofá
Zofa

jarrón
Vaza

mando a distancia
Daljinski upravljalnik

alfombra

Preproga

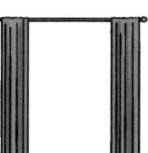

cortina

Zavesa

mesa

Miza

silla

Stol

mecedora

Gugalnik

butaca

Naslanjač

libro
Knjiga

manta
Odeja

decoración
Dekoracija

leña
Drva

película
Film

equipo de música
Glasbeni stolp

llave
Ključ

periódico
Časopis

pintura
Slika

póster
Plakat

radio
Radio

cuaderno
Beležka

aspiradora
Sesalnik

cactus
Kaktus

vela
Sveča

cocina
Kuhinja

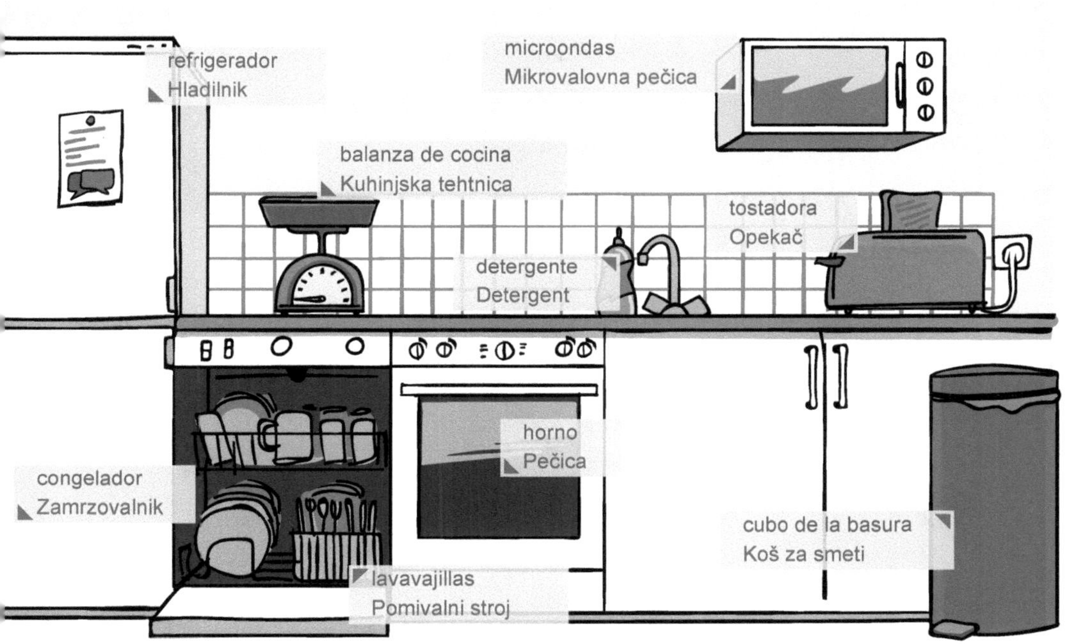
refrigerador
Hladilnik
microondas
Mikrovalovna pečica
balanza de cocina
Kuhinjska tehtnica
tostadora
Opekač
detergente
Detergent
horno
Pečica
congelador
Zamrzovalnik
cubo de la basura
Koš za smeti
lavavajillas
Pomivalni stroj

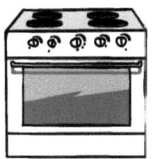

olla a presión

Kozica

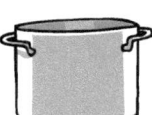

olla

Lonec

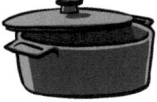

olla de hierro fundido

Litoželezni lonec

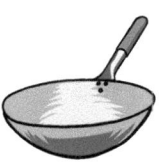

wok / karahi

Vok / kadai

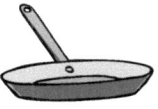

cazuela

Ponev

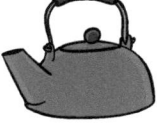

hervidor

Kotliček

vaporera

Parni kuhalnik

chapa de horno

Pekač

vajilla

Posoda

taza

Skodelica

tazón

Skleda

palillos

Jedilne paličice

cucharón

Zajemalka

espumadera

Lopatica

batidor

Metlica

colador

Cedilnik

cedazo

Cedilo

rallador

Strgalo

mortero

Možnar

barbacoa

Žar

hoguera

Ognjišče

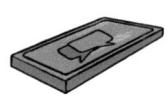

tabla de picar

Deska za rezanje

rodillo

Valjar

sacacorchos

Odpirač za steklenice

lata

Pločevinka

abrelatas

Odpirač za konzerve

agarrador

Prijemalka za posodo

lavabo

Korito

cepillo

Ščetka

esponja

Goba

batidora

Mešalnik

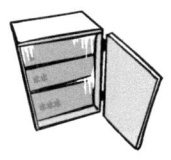

congelador

Zamrzovalna skrinja

biberón

Steklenička

grifo

Pipa

cuarto de baño
Kopalnica

calefacción
Ogrevanje
toalla
Brisača
ducha
Prha
cortina de la ducha
Zavesa za prho
baño de espuma
Peneča kopel
bañera
Kopalna kad
vaso
Kozarec
lavadora
Pralni stroj
grifo
Pipa
baldosas
Ploščice
orinal
Kahlica
lavabo
Korito

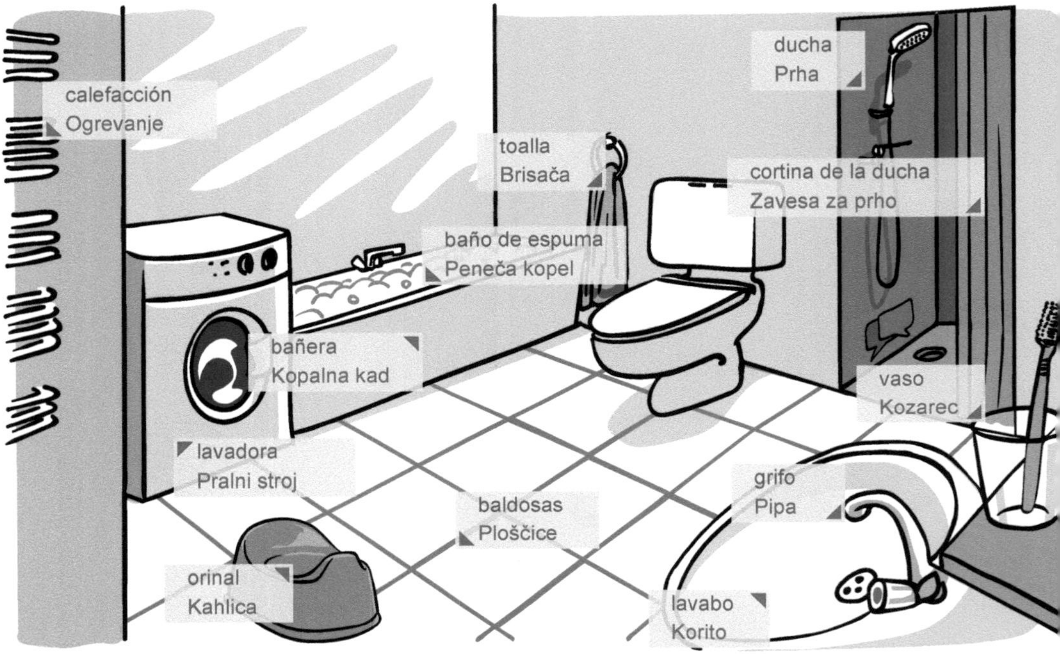

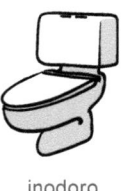

inodoro

Stranišče

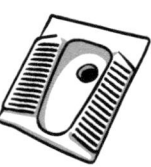

inodoro rústico

Stranišče na počep

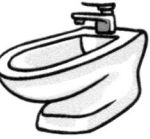

bidé

Bide

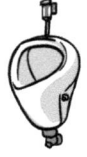

urinario

Pisoar

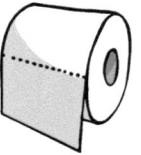

papel higiénico

Toaletni papir

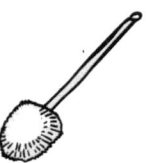

escobilla del váter

Ščetka za straniščno školjko

cepillo de dientes

Zobna ščetka

pasta de dientes

Zobna pasta

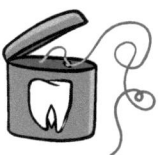

hilo dental

Zobna nitka

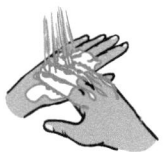

lavar

Umiti se

ducha de mano

Ročna prha

ducha íntima

Prha za intimne dele

pila

Umivalnik

cepillo de espalda

Krtača za hrbet

jabón

Milo

gel de ducha

Gel za prhanje

champú

Šampon

toallita

Krpica za miljenje

desagüe

Odtok

crema

Krema

desodorante

Deodorant

espejo

Ogledalo

espejo de tocador

Ročno ogledalo

maquinilla de afeitar

Britvica

espuma de afeitar

Pena za britje

loción postafeitado

Vodica po britju

peine

Glavnik

cepillo

Ščetka

secador

Sušilnik za lase

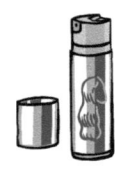

laca

Lak za lase

maquillaje

Ličila

pintalabios

Šminka

pintauñas

Lak za nohte

algodón

Vatirane blazinice

cortauñas

Škarjice za nohte

perfume

Parfum

estuche de viaje

Toaletna torbica

banqueta

Stol brez naslonjala

balanza

Osebna tehtnica

albornoz

Kopalni plašč

guantes de goma

Gumijaste rokavice

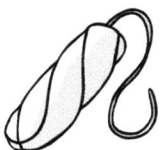

tampón

Tampon

compresa

Damski vložki

inodoro químico

Kemično stranišče

Otroška soba

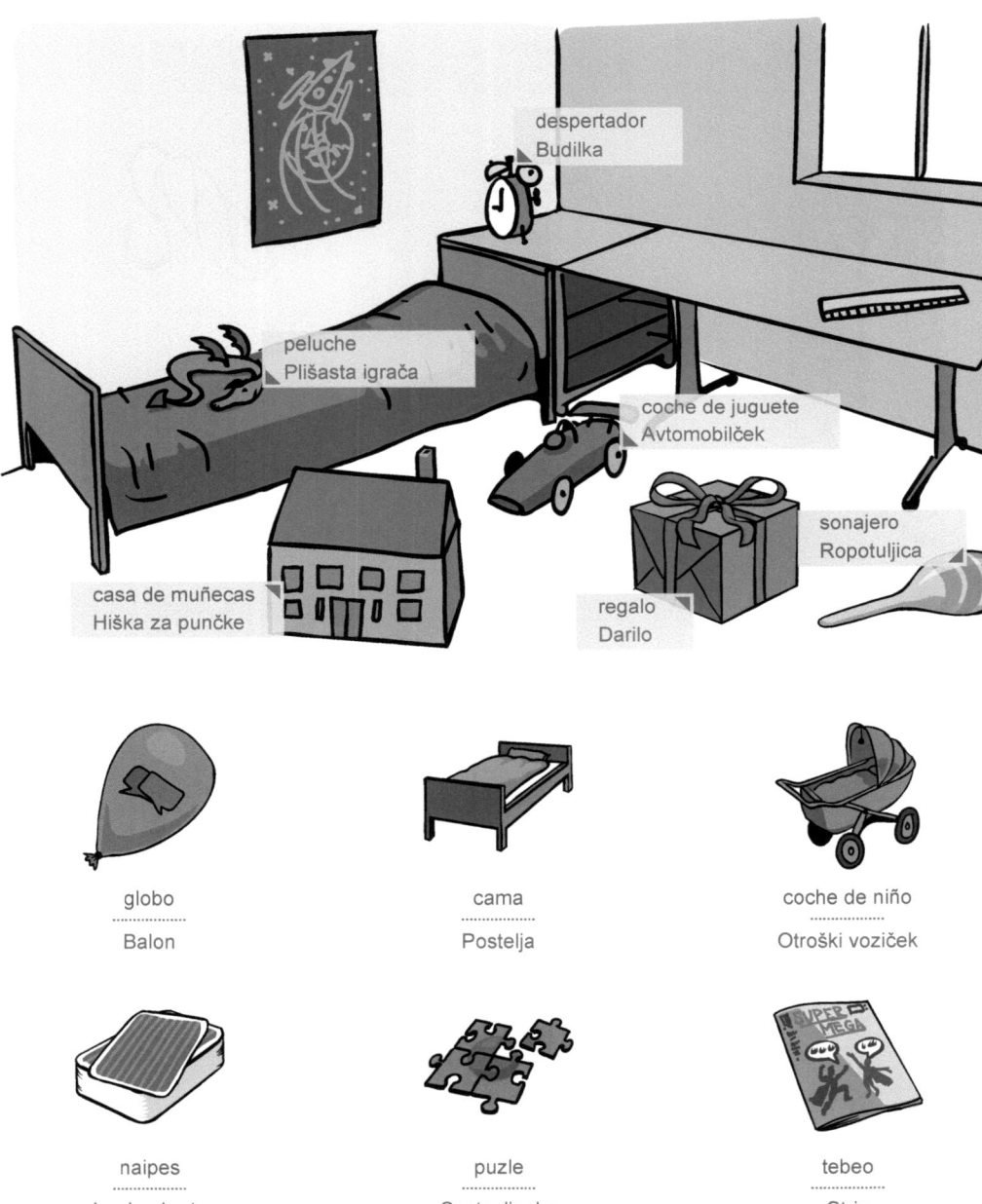

despertador
Budilka

peluche
Plišasta igrača

coche de juguete
Avtomobilček

sonajero
Ropotuljica

casa de muñecas
Hiška za punčke

regalo
Darilo

globo
Balon

cama
Postelja

coche de niño
Otroški voziček

naipes
Igralne karte

puzle
Sestavljanka

tebeo
Strip

piezas de lego

Lego kocke

bloques de juguete

Igralne kocke

figura de acción

Akcijska figura

bodi (de bebé)

Bodi

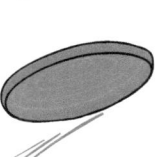

frisbee

Frizbi

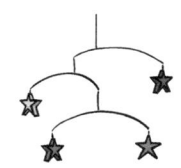

colgador móvil para bebés

Vrtiljak za posteljico

juego de mesa

Namizna igra

dados

Kocka

circuito de tren eléctrico

Komplet modelov vlakov

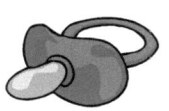

maniquí

Duda

fiesta

Zabava

álbum de fotos

Slikanica

pelota

Žoga

muñeca

Lutka

jugar

Igrati se

cajón de arena
Peskovnik

columpio
Gugalnica

juguetes
Igrače

videoconsola
Igralna konzola

triciclo
Tricikel

oso de peluche
Plišasti medvedek

guardarropa
Garderoba

ropa
Oblačilo

calcetines
Nogavice

medias
Samostoječe nogavice

leotardos
Hlačne nogavice

bufanda
Šal

cinturón
Pas

paraguas
Dežnik

camiseta
Majica s kratkimi rokavi

botas
Škornji

zapatillas
Copati

deportivas
Športni copati

sandalias
Sandali

zapatos
Čevlji

botas de goma
Gumijasti škornji

slip
Spodnje hlače

sostén
Modrček

chaleco
Telovnik

bodi
Bodi

pantalones
Hlače

vaqueros
Kavbojke

falda
Krilo

blusa
Bluza

camisa
Srajca

jersey
Pulover

suéter
Pletena jopica

blazer
Jopa

chaqueta
Jakna

abrigo
Plašč

gabardina
Dežni plašč

traje
Kostim

vestido
Obleka

vestido de novia
Poročna obleka

traje
Obleka

camisón
Spalna srajca

pijama
Pižama

sari
Sari

bandana
Naglavna ruta

turbante
Turban

burka
Burka

caftán
Kaftan

abaya
Abaja

traje de baño
Kopalke

bañador
Kopalne hlače

pantalones cortos
Kratke hlače

chándal
Trenirka

delantal
Predpasnik

guantes
Rokavice

botón

Gumb

gafas

Očala

brazalete

Zapestnica

collar

Verižica

anillo

Prstan

pendiente

Uhan

gorra

Kapa

percha

Obešalnik

sombrero

Klobuk

corbata

Kravata

cremallera

Zadrga

casco

Čelada

tirantes

Naramnice

uniforme escolar

Šolska uniforma

uniforme

Uniforma

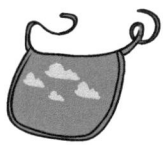

babero

Slinček

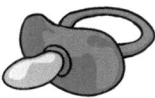

maniquí

Duda

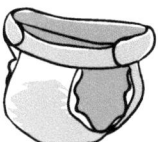

pañal

Plenica

oficina
Pisarna

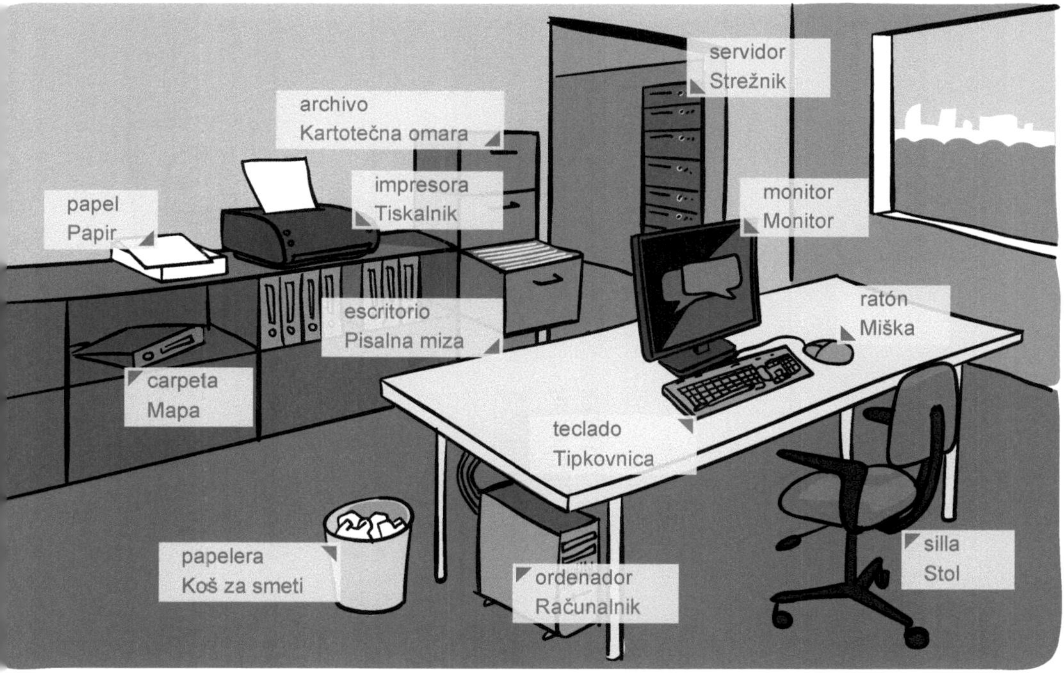
servidor
Strežnik
archivo
Kartotečna omara
impresora
Tiskalnik
papel
Papir
monitor
Monitor
ratón
Miška
escritorio
Pisalna miza
carpeta
Mapa
teclado
Tipkovnica
papelera
Koš za smeti
ordenador
Računalnik
silla
Stol

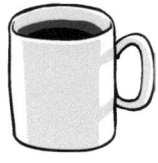

taza de café

Lonček za kavo

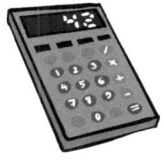

calculadora

Kalkulator

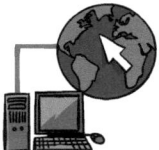

internet

Internet

portátil

Prenosnik

carta

Pismo

mensaje

Sporočilo

móvil

Mobilnik

red

Omrežje

fotocopiadora

Kopirni stroj

software

Programska oprema

teléfono

Telefon

toma de corriente

Vtičnica

fax

Telefaks

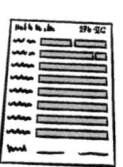

formulario

Obrazec

documento

Dokument

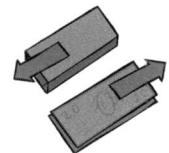

comprar
Kupiti

pagar
Plačati

comerciar
Trgovati

dinero
Denar

dólar
Dolar

euro
Evro

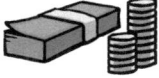

yen
Jen

rublo
Rubelj

franco suizo
Švičarski frank

renminbi yuan
Kitajski juan renminbi

rupia
Rupija

cajero automático
Bankomat

oficina de cambio de divisas

Menjalnica

oro

Zlato

plata

Srebro

petróleo

Nafta

energía

Energija

precio

Cena

contrato

Pogodba

impuesto

Davek

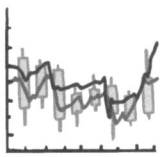

acción

Delnice

trabajar

Delati

empleado

Delojemalec

empleador

Delodajalec

fábrica

Tovarna

tienda

Trgovina

oficios
Poklici

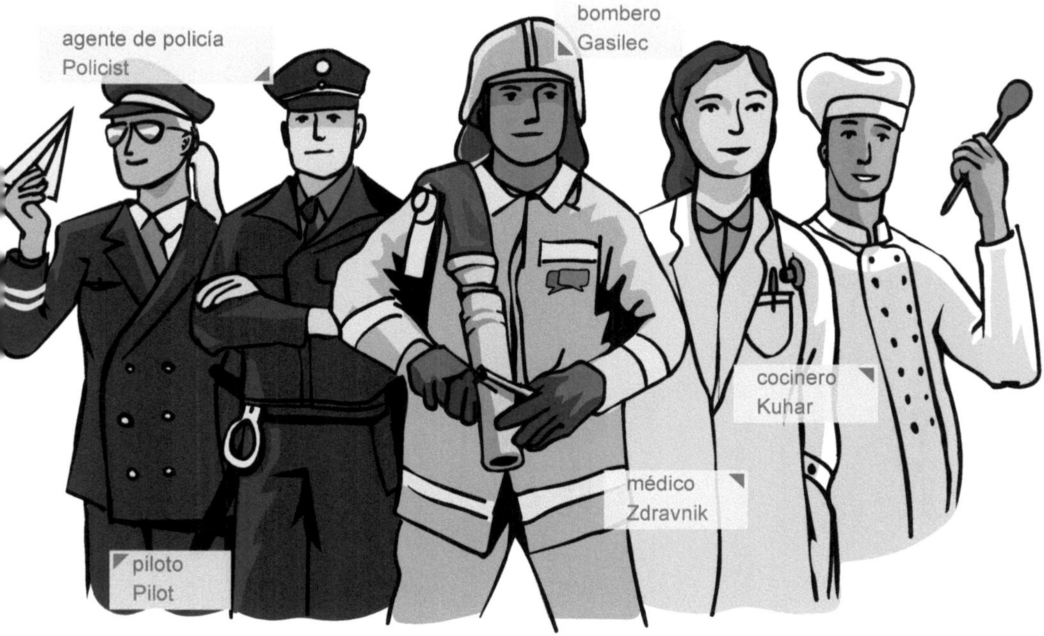

agente de policía
Policist
bombero
Gasilec
cocinero
Kuhar
médico
Zdravnik
piloto
Pilot

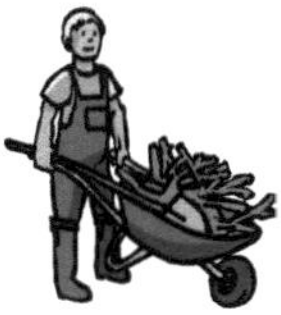

jardinero

Vrtnar

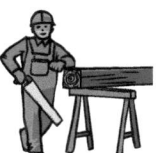

carpintero

Mizar

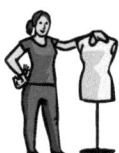

costurera

Šivilja

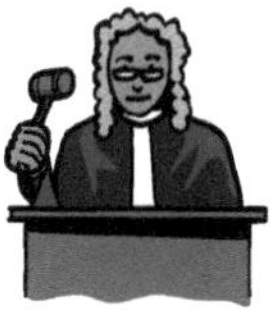

juez

Sodnik

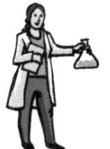

farmacéutico

Kemik

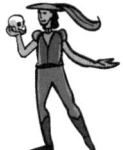

actor

Igralec

conductor de autobús

Voznik avtobusa

taxista

Taksist

pescador

Ribič

señora de la limpieza

Čistilka

techador

Krovec

camarero

Natakar

cazador

Lovec

pintor

Pleskar

panadero

Pek

electricista

Električar

obrero

Gradbenik

ingeniero

Inženir

carnicero

Mesar

fontanero

Vodovodni inštalater

cartero

Poštar

soldado

Vojak

arquitecto

Arhitekt

cajero

Blagajnik

florista

Cvetličar

peluquero

Frizer

revisor

Sprevodnik

mecánico

Mehanik

capitán

Kapitan

dentista

Zobozdravnik

científico

Znanstvenik

rabino

Rabin

imán

Imam

monje

Menih

sacerdote

Duhovnik

herramientas
Orodje

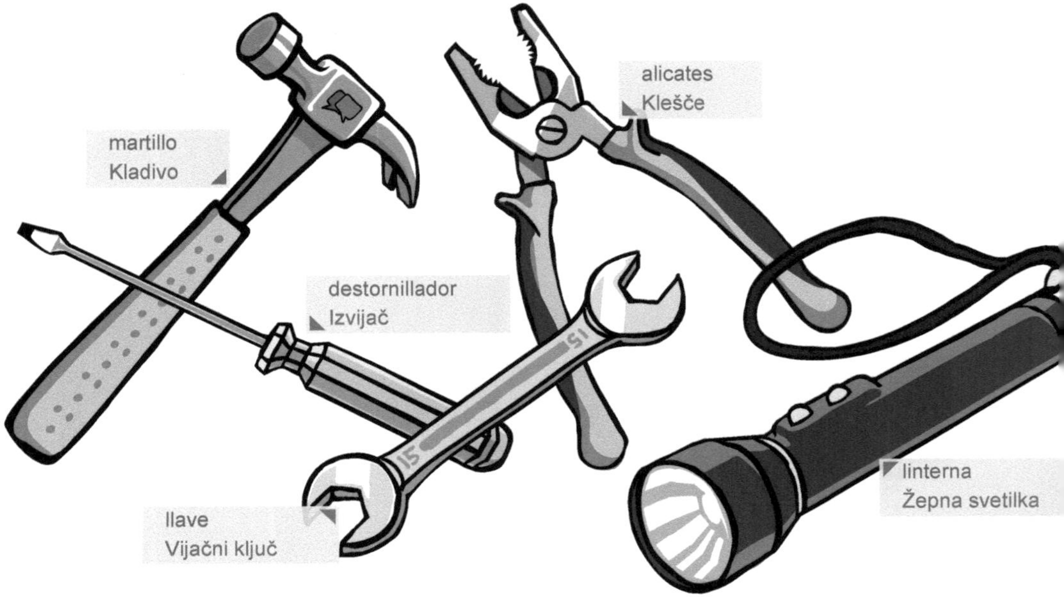

martillo
Kladivo
alicates
Klešče
destornillador
Izvijač
llave
Vijačni ključ
linterna
Žepna svetilka

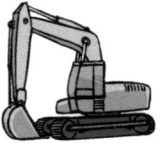

excavadora

Bager

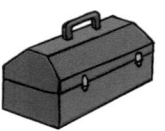

caja de herramientas

Zaboj z orodjem

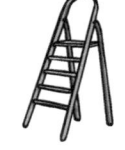

escalera de mano

Lestev

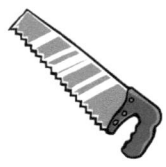

sierra

Žaga

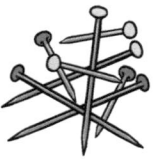

clavos

Žeblji

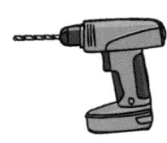

taladro

Vrtalnik

reparar

Popraviti

pala

Lopata

¡Maldita sea!

Šment!

recogedor

Smetišnica

bote de pintura

Posoda z barvo

tornillos

Vijaki

instrumentos musicales
Glasbeni instrument

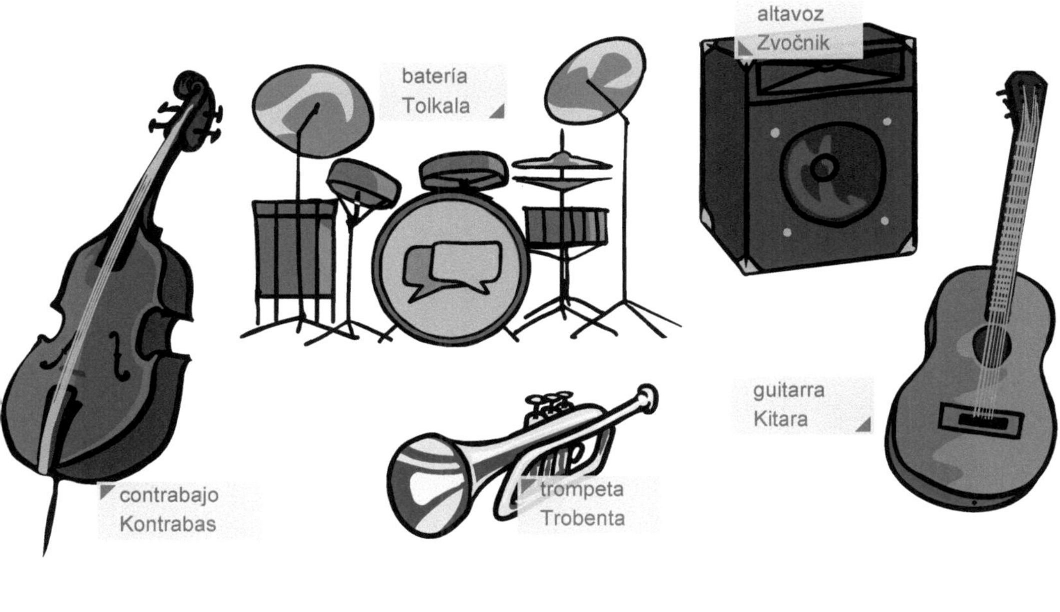

batería
Tolkala

altavoz
Zvočnik

guitarra
Kitara

contrabajo
Kontrabas

trompeta
Trobenta

piano

Klavir

violín

Violina

bajo

Bas kitara

timbales

Pavke

tambor

Bobni

teclado

Sintetizator

saxofón

Saksofon

flauta

Flavta

micrófono

Mikrofon

entrada
Vhod

tigre
Tiger

jaula
Kletka

cebra
Zebra

pienso
Krma za živali

panda
Panda

animales
Živali

elefante
Slon

canguro
Kenguru

rinoceronte
Nosorog

gorila
Gorila

oso
Medved

camello

Kamela

avestruz

Noj

león

Lev

mono

Opica

flamingo

Plamenec

loro

Papagaj

oso polar

Severni medved

pingüino

Pingvin

tiburón

Morski pes

pavo real

Pav

serpiente

Kača

cocodrilo

Krokodil

guardián de zoológico

Oskrbnik v živalskem vrtu

foca

Tjulenj

jaguar

Jaguar

poni

Poni

leopardo

Leopard

hipopótamo

Povodni konj

jirafa

Žirafa

águila

Orel

jabalí

Divji prašič

pescado

Riba

tortuga

Želva

morsa

Mrož

zorro

Lisica

gacela

Gazela

fútbol americano
Ameriški nogomet

ciclismo
Kolesarjenje

tenis
Tenis

baloncesto
Košarka

natación
Plavanje

boxeo
Boks

hockey sobre hielo
Hokej

fútbol
Nogomet

bádminton
Badminton

atletismo
Atletika

balonmano
Rokomet

esquí
Smučanje

polo
Polo

actividades
Dejavnosti

reír
Smejati se
saltar
Skočiti
abrazar
Objeti
caminar
Hoditi
cantar
Peti
soñar
Sanjati
rezar
Moliti
besar
Poljubiti

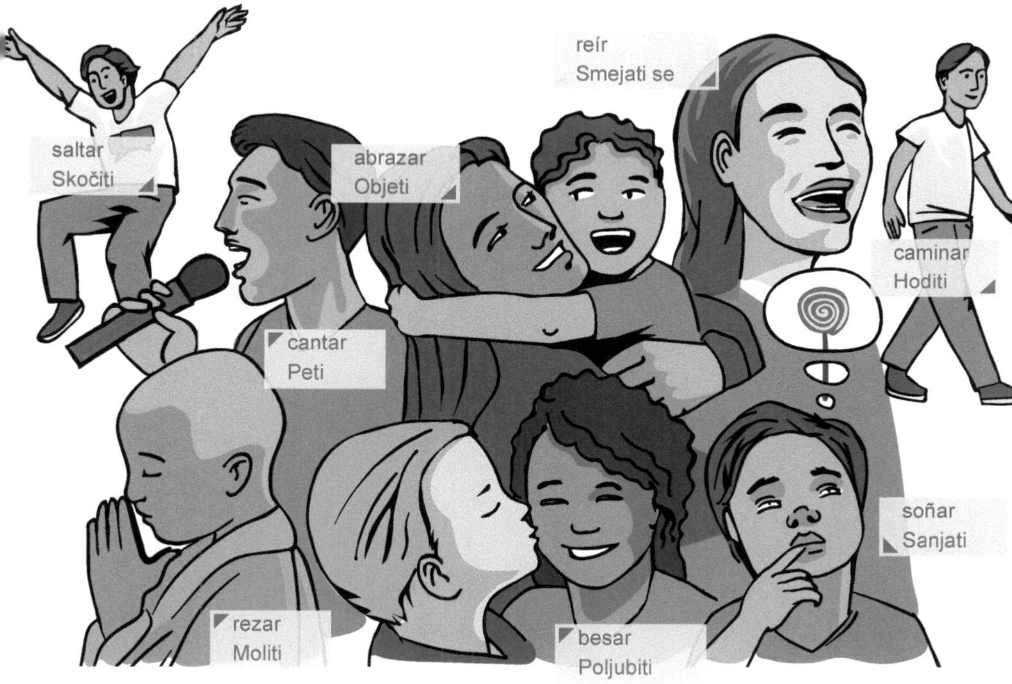

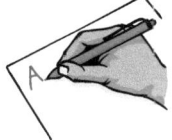

escribir
Pisati

dibujar
Risati

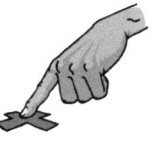

mostrar
Pokazati

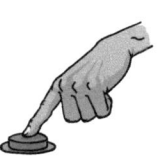

empujar
Potisniti

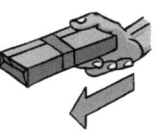

dar
Dati

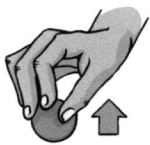

tomar
Vzeti

tener
Imeti

hacer
Narediti

ser
Biti

estar de pie
Stati

correr
Teči

tirar
Vleči

tirar
Vreči

caer
Pasti

yacer
Ležati

esperar
Čakati

llevar
Nositi

estar sentado
Sedeti

vestirse
Obleči se

dormir
Spati

despertar
Zbuditi se

mirar

Gledati

llorar

Jokati

acariciar

Božati

peinar

Česati se

hablar

Govoriti

entender

Razumeti

preguntar

Vprašati

escuchar

Poslušati

beber

Piti

comer

Jesti

ordenar

Pospraviti

amar

Ljubiti

cocinar

Kuhati

conducir

Voziti

volar

Leteti

navegar

Jadrati

calcular

Računanje

leer

Brati

aprender

Učiti se

trabajar

Delati

casarse

Poročiti se

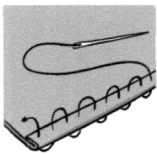

coser

Šivati

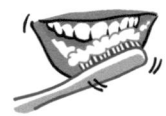

cepillarse los dientes

Ščetkati si zobe

matar

Ubiti

fumar

Kaditi

enviar

Poslati

abuela
Stara mati

abuelo
Stari oče

padre
Oče

madre
Mati

bebé
Dojenček

hija
Hči

hijo
Sin

invitado

Gost

tía

Teta

tío

Stric

hermano

Brat

hermana

Sestra

cuerpo

Telo

frente
Čelo
ojo
Oko
hombro
Rama
dedo
Prst
cara
Obraz
barbilla
Brada
mano
Dlan
pierna
Noga
pecho
Prsi
brazo
Roka

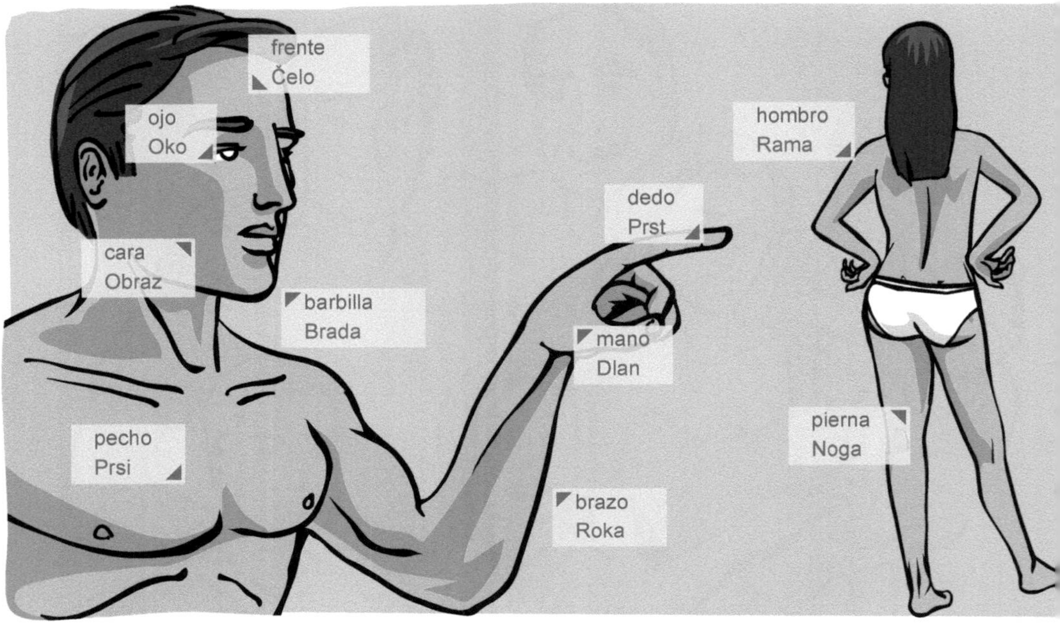

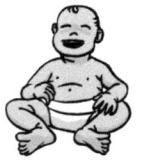

bebé

Dojenček

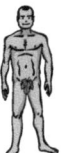

hombre

Človek

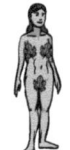

mujer

Ženska

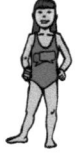

chica

Dekle

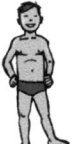

chico

Fant

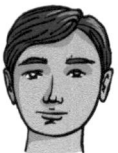

cabeza

Glava

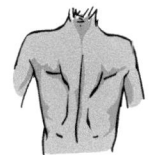

espalda

Hrbet

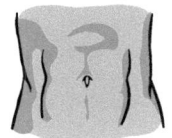

vientre

Trebuh

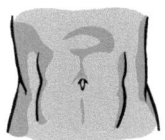

ombligo

Popek

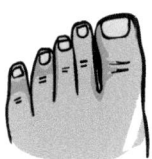

dedo del pie

Prst na nogi

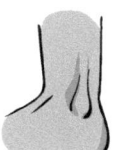

talón

Peta

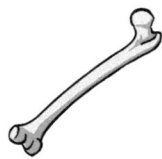

hueso

Kost

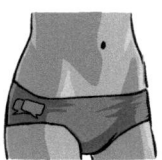

cadera

Kolk

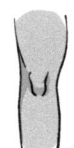

rodilla

Koleno

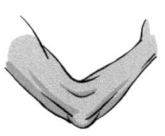

codo

Komolec

nariz

Nos

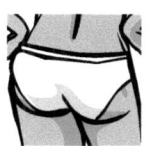

trasero

Zadnjica

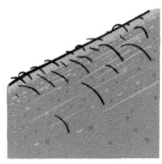

piel

Koža

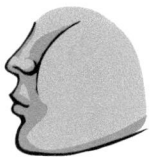

mejilla

Lice

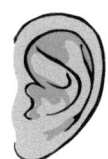

oído

Uho

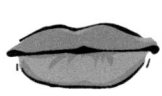

labio

Ustnica

cuerpo - Telo

boca

Usta

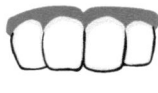

diente

Zob

lengua

Jezik

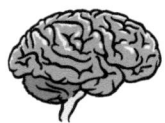

cerebro

Možgani

corazón

Srce

músculo

Mišica

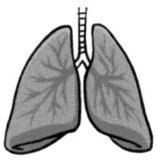

pulmón

Pljuča

hígado

Jetra

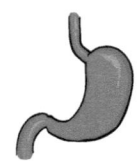

estómago

Želodec

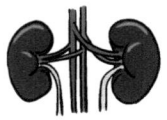

riñones

Ledvice

sexo

Spolni odnos

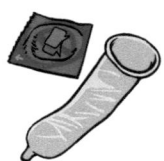

condón

Kondom

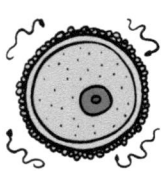

ovario

Jajčece

semen

Semenska tekočina

embarazo

Nosečnost

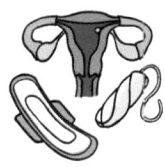

menstruación

Menstruacija

vagina

Vagina

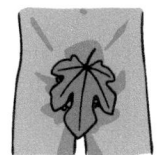

pene

Penis

ceja

Obrv

pelo

Lasje

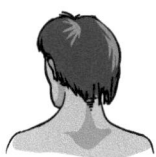

cuello

Vrat

hospital
Bolnišnica

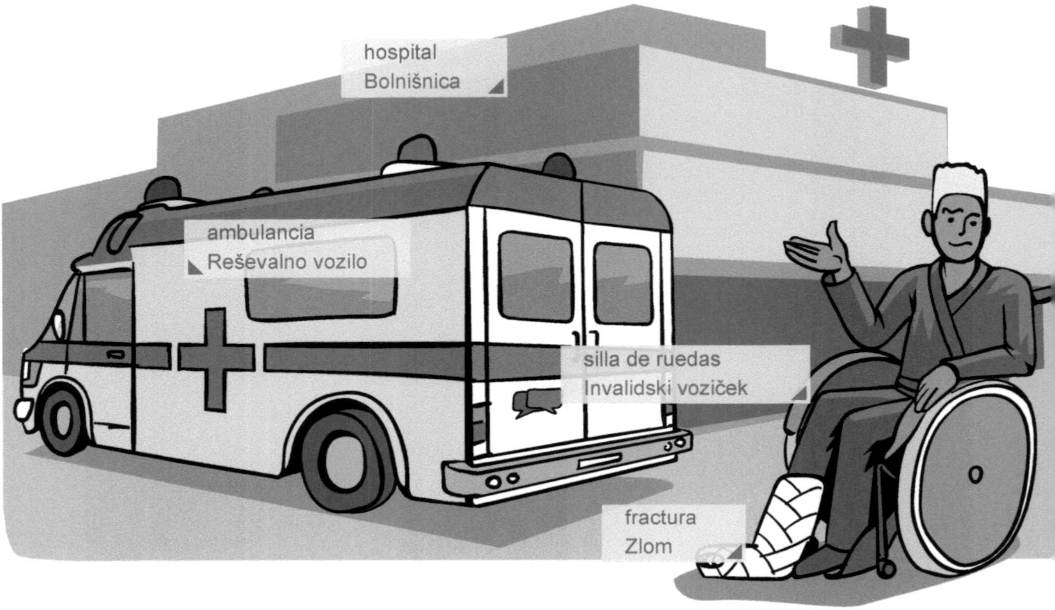

hospital
Bolnišnica
ambulancia
Reševalno vozilo
silla de ruedas
Invalidski voziček
fractura
Zlom

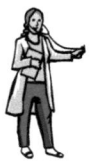

médico

Zdravnik

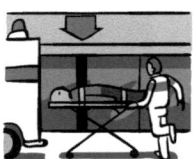

sala de urgencias

Urgenca

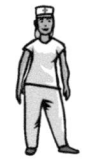

enfermera

Medicinska sestra

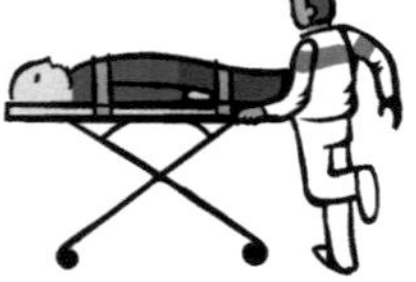

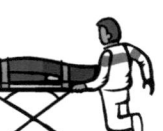

urgencia

Nujni primer

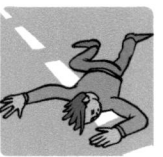

inconsciente

Nezavesten

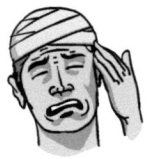

dolor

Bolečina

lesión

Poškodba

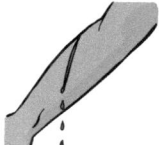

hemorragia

Krvavenje

infarto

Srčni infarkt

ictus

Kap

alergia

Alergija

tos

Kašelj

fiebre

Vročina

gripe

Gripa

diarrea

Driska

dolor de cabeza

Glavobol

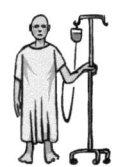

cáncer

Rak

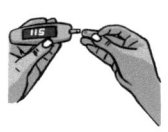

diabetes

Sladkorna bolezen

cirujano

Kirurg

bisturí

Skalpel

operación

Operacija

TAC
CT

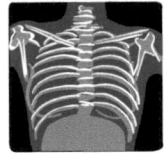

rayos x
Rentgen

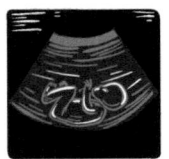

ultrasonido
Ultrazvok

mascarilla
Obrazna maska

enfermedad
Bolezen

sala de espera
Čakalnica

muleta
Bergla

tirita
Obliž

venda
Preveza

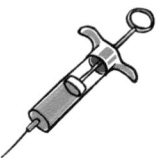

inyección
Injekcija

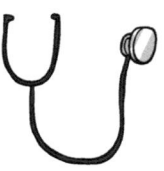

estetoscopio
Stetoskop

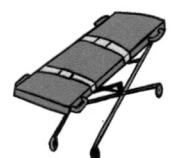

camilla
Nosila

termómetro
Klinični termometer

nacimiento
Porod

sobrepeso
Prekomerna teža

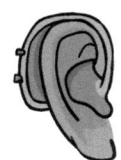

audífono

Slušni pripomoćek

desinfectante

Razkužilo

infección

Okužba

virus

Virus

VIH / SIDA

HIV / AIDS

medicina

Medicina

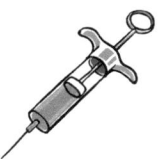

vacunación

Cepljenje

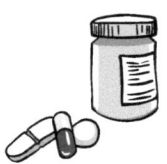

tabletas

Tablete

pastilla

Tableta

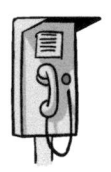

llamada de urgencia

Klic v sili

tensiómetro

Merilnik krvnega tlaka

enfermo / sano

bolano / zdravo

¡Socorro!

Na pomoč!

alarma

Alarm

asalto

Napad

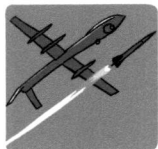

ataque

Napad

peligro

Nevarnost

salida de emergencia

Izhod v sili

¡Fuego!

Gori!

extintor de incendios

Gasilni aparat

accidente

Nezgoda

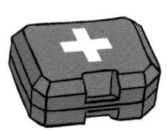

botiquín de primeros auxilios

Komplet za prvo pomoč

SOS

SOS

policía

Policija

Europa

Evropa

Norteamérica

Severna Amerika

Sudamérica

Južna Amerika

África

Afrika

Asia

Azija

Australia

Avstralija

Atlántico

Atlantski ocean

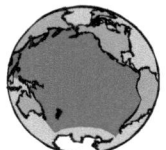

Pacífico

Tihi ocean

Océano Índico

Indijski ocean

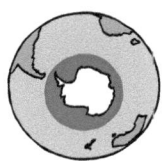

Océano Antártico

Južni ocean

Océano Ártico

Arktični ocean

polo norte

Severni tečaj

polo sur

Južni tečaj

Antártida

Antarktika

tierra

Zemlja

tierra

Kopno

mar

Morje

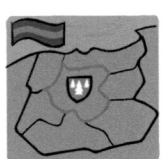

isla

Otok

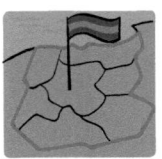

nación

Narod

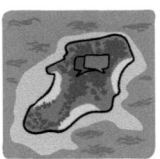

estado

Država

esfera

Številčnica

manecilla de las horas

Urni kazalec

minutero

Minutni kazalec

segundero

Sekundni kazalec

¿Qué hora es?

Koliko je ura?

día

Dan

tiempo

Čas

ahora

Zdaj

reloj digital

Digitalna ura

minuto

Minuta

hora

Ura

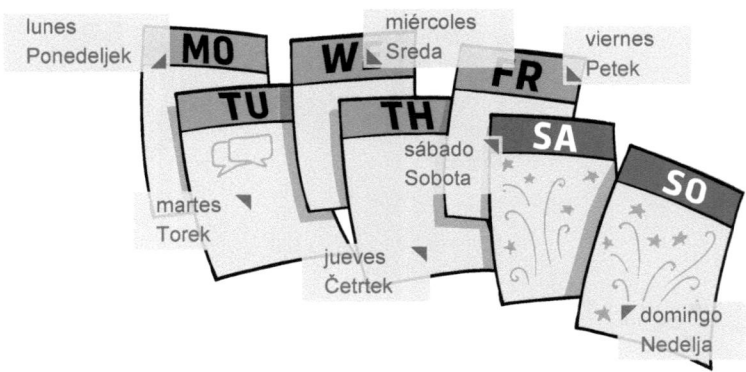

lunes
Ponedeljek

miércoles
Sreda

viernes
Petek

martes
Torek

sábado
Sobota

jueves
Četrtek

domingo
Nedelja

ayer

Včeraj

hoy

Danes

mañana

Jutri

mañana

Jutro

mediodía

Poldne

tarde

Večer

días laborables

Delovni dnevi

fin de semana

Konec tedna

año
Leto

lluvia
Dež
arcoíris
Mavrica
viento
Veter
nieve
Sneg
primavera
Pomlad
otoño
Jesen
verano
Poletje
invierno
Zima

4.APRIL 11°
5.APRIL 4°
6.APRIL 13°
7.APRIL 8°
8.APRIL 10°

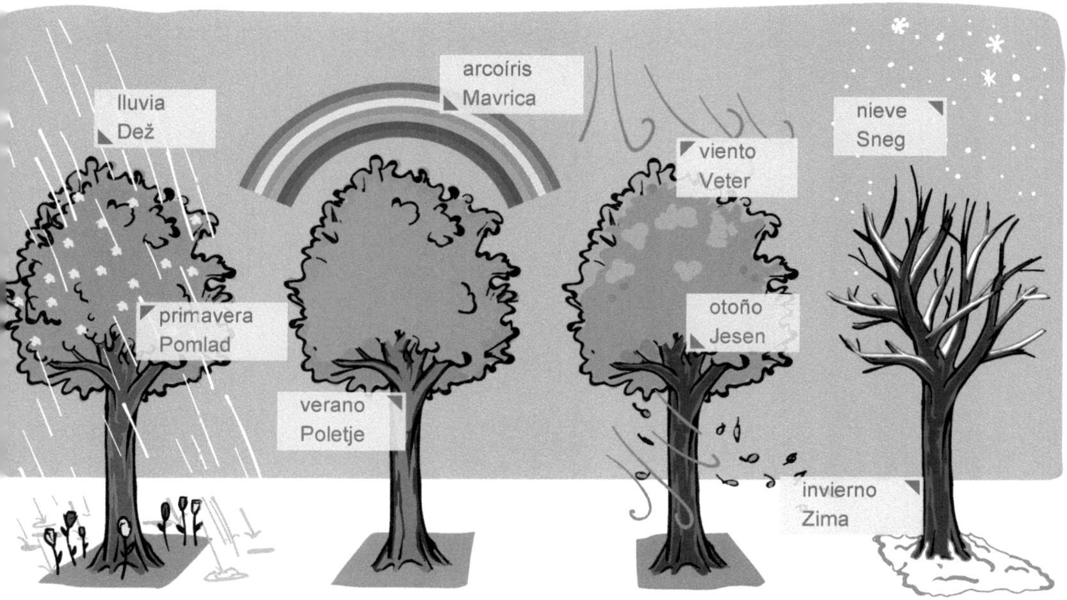

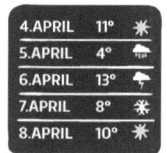

pronóstico del tiempo

Vremenska napoved

F C
120 40
90 30
60 20
30 10
0 0
-30 -10
-20

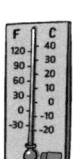

termómetro

Termometer

sol

Sončna svetloba

nube

Oblak

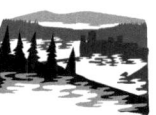

niebla

Megla

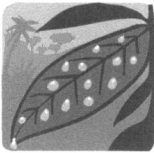

humedad

Vlažnost

rayo

Strela

trueno

Grom

tormenta

Nevihta

granizo

Toča

monzón

Monsun

inundación

Poplava

hielo

Led

enero

Januar

febrero

Februar

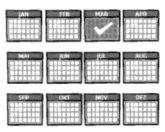

marzo

Marec

abril

April

mayo

Maj

junio

Junij

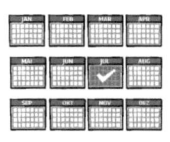

julio

Julij

agosto

Avgust

año - Leto

septiembre
....
September

octubre
....
Oktober

noviembre
....
November

diciembre
....
December

formas
Oblike

círculo
....
Krogla

cuadrado
....
Kvadrat

rectángulo
....
Pravokotnik

triángulo
....
Trikotnik

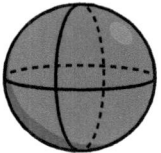

esfera
....
Krogla

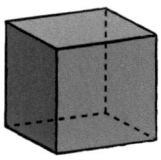

cubo
....
Kocka

blanco

Bela

amarillo

Rumena

anaranjado

Oranžna

rosa

Rožnata

rojo

Rdeča

morado

Vijolična

azul

Modra

verde

Zelena

marrón

Rjava

gris

Siva

negro

Črna

mucho / poco

veliko / malo

enojado / tranquilo

jezno / umirjeno

bonito / feo

lepo / grdo

principio / fin

začetek / konec

grande / pequeño

veliko / majhno

claro / oscuro

svetlo / temno

hermano / hermana

brat / sestra

limpio / sucio

čisto / umazano

completo / incompleto

popolno / nepopolno

día / noche

dan / noč

muerto / vivo

mrtvo / živo

ancho / estrecho

široko / ozko

comestible / no comestible

užitno / neužitno

malo / amable

zlobno / prijazno

entusiasmado / aburrido

vznemirjeno / zdolgočaseno

gordo / delgado

debelo / vitko

primero / último

prvo / zadnje

amigo / enemigo

prijatelj / sovražnik

lleno / vacío

polno / prazno

duro / blando

trdo / mehko

pesado / ligero

težko / lahko

hambre / sed

lakota / žeja

enfermo / sano

bolano / zdravo

ilegal / legal

nezakonito / zakonito

inteligente / tonto

pametno / neumno

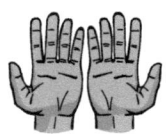

izquierda / derecha

levo / desno

cerca / lejos

blizu / daleč

nuevo / usado

novo / rabljeno

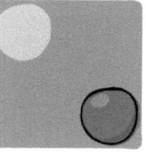

nada / algo

nič / nekaj

viejo / joven

staro / mlado

encendido / apagado

vklopljeno / izklopljeno

abierto / cerrado

odprto / zaprto

silencioso / ruidoso

tiho / glasno

rico / pobre

bogato / revno

correcto / incorrecto

prav / narobe

áspero / suave

grobo / gladko

triste / contento

žalostno / veselo

corto / largo

kratko / dolgo

lento / rápido

počasi / hitro

húmedo / seco

mokro / suho

cálido / frío

toplo / hladno

guerra / paz

vojna / mir

0

cero

Ničla

1

uno

Ena

2

dos

Dva

3

tres

Tri

4

cuatro

Štiri

5

cinco

Pet

6

seis

Šest

7

siete

Sedem

8

ocho

Osem

9

nueve

Devet

10

diez

Deset

11

once

Enajst

12

doce

Dvanajst

13

trece

Trinajst

14

catorce

Štirinajst

15

quince

Petnajst

16

dieciséis

Šestnajst

17

diecisiete

Sedemnajst

18

dieciocho

Osemnajst

19

diecinueve

Devetnajst

20

veinte

Dvajset

100

cien

Sto

1.000

mil

Tisoč

1.000.000

millón

Milijon

inglés
....
Angleščina

inglés americano
....
Ameriška angleščina

chino mandarín
....
Mandarinščina

hindi
....
Hindujščina

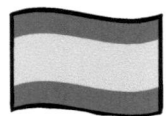

español
....
Španščina

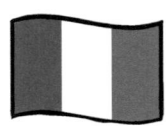

francés
....
Francoščina

árabe
....
Arabščina

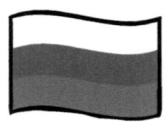

ruso
....
Ruščina

portugués
....
Portugalščina

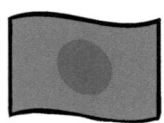

bengalí
....
Bengalščina

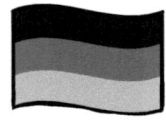

alemán
....
Nemščina

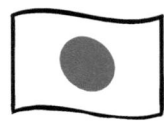

japonés
....
Japonščina

yo

Jaz

tú

Ti

él / ella / ello

On / ona / tisto

nosotros/as

Mi

vosotros/as

Vi

ellos/as

Oni

¿quién?

Kdo?

¿qué?

Kaj?

¿cómo?

Kako?

¿dónde?

Kje?

¿cuándo?

Kdaj?

nombre

Ime

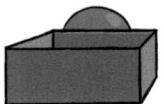

detrás

Zadaj

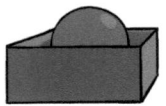

en

V

delante de

Pred

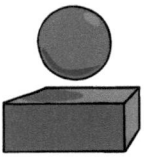

por encima de

Nad

sobre

Na

debajo de

Pod

junto a

Poleg

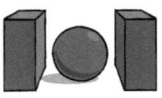

entre

Med

lugar

Kraj